상상 이상

이스트반 바여이 글, 그림

내인생의책

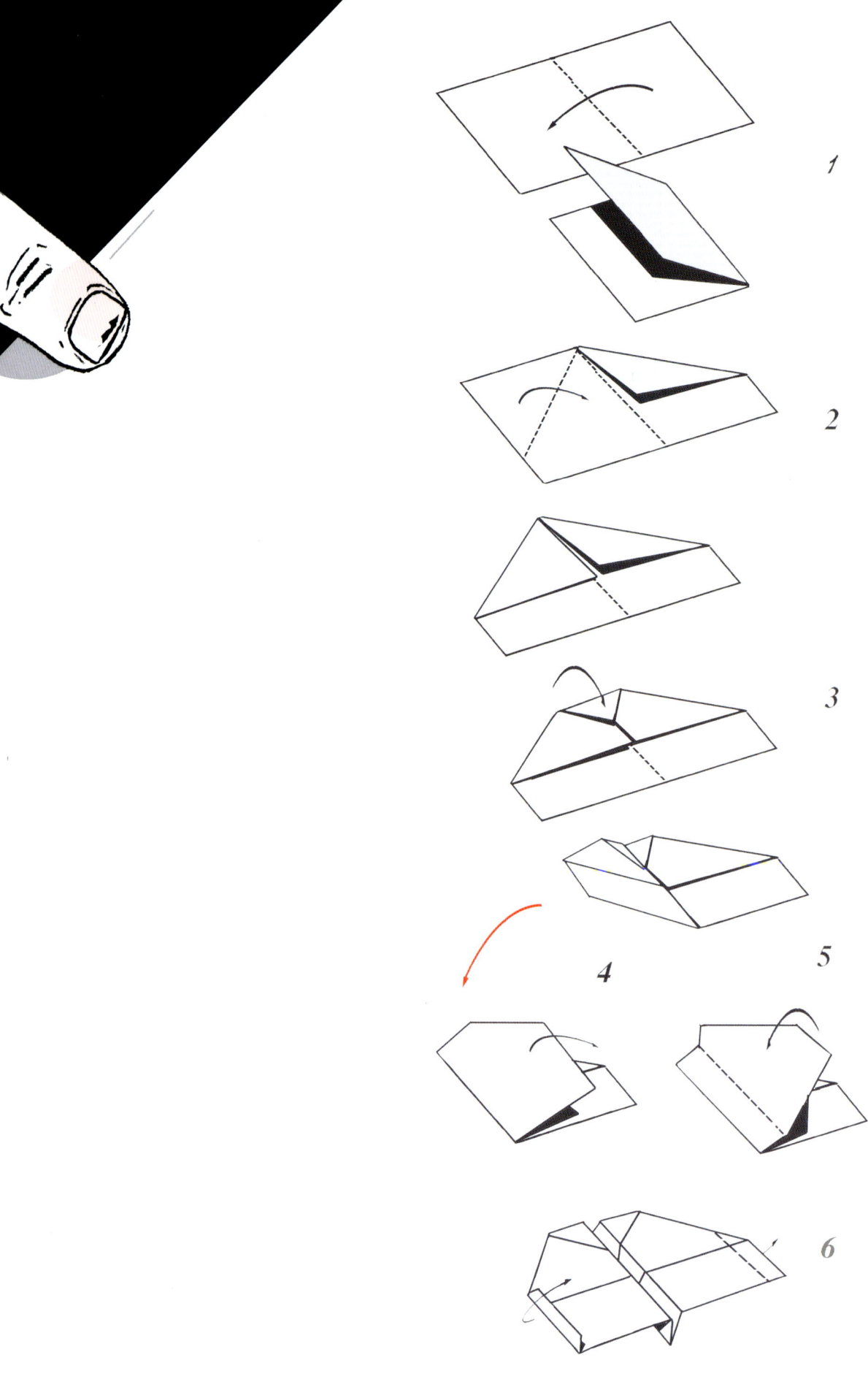

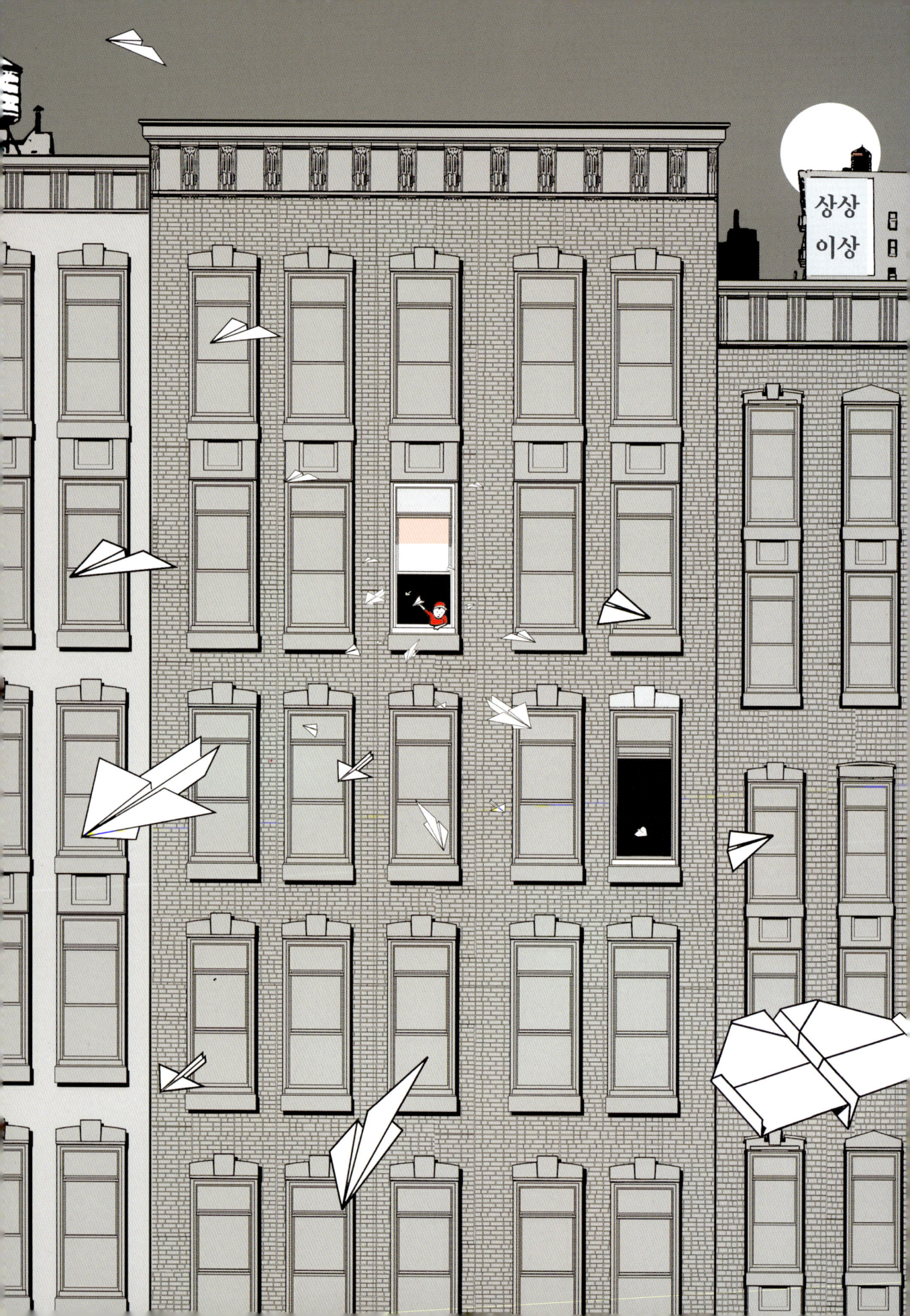

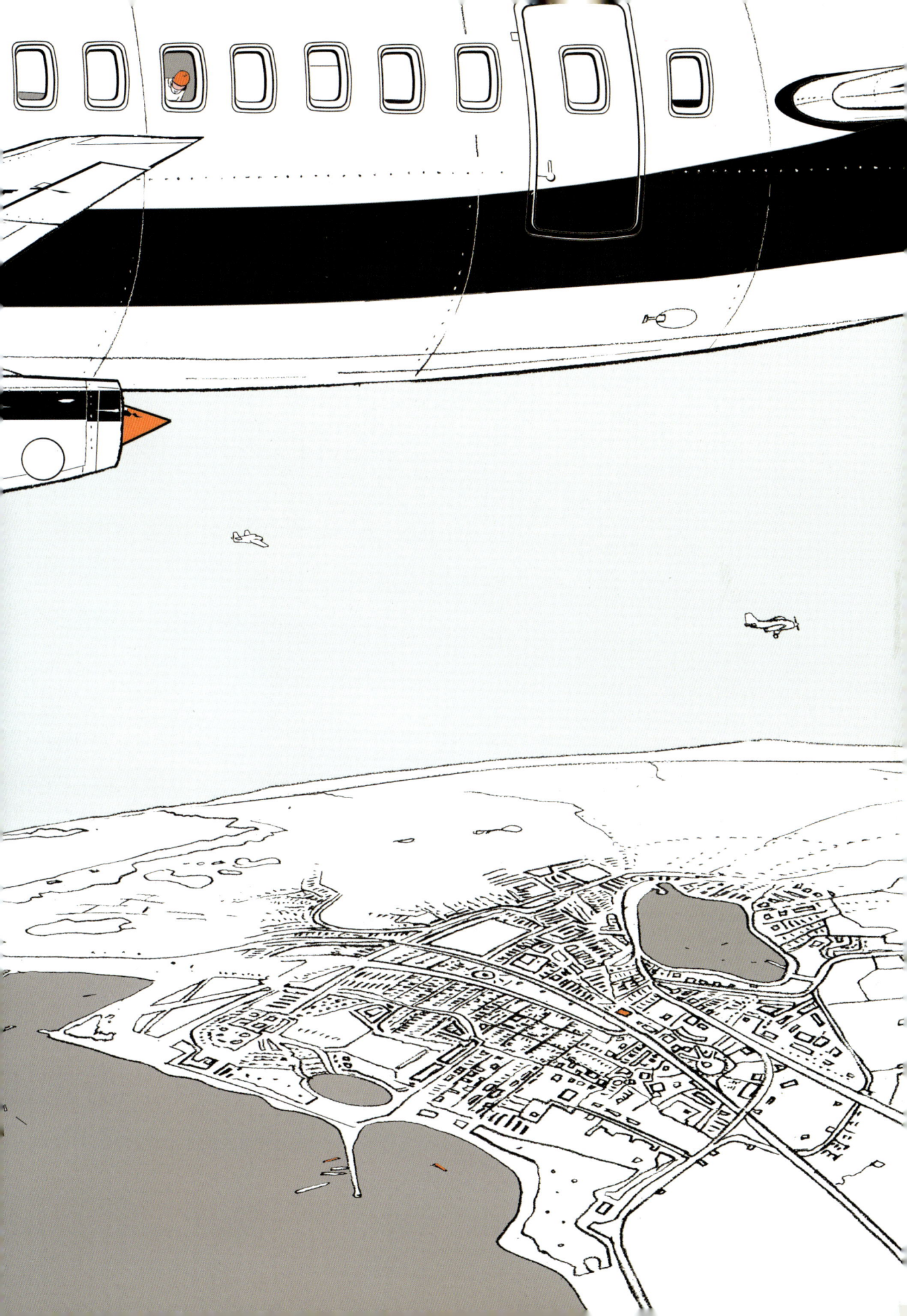

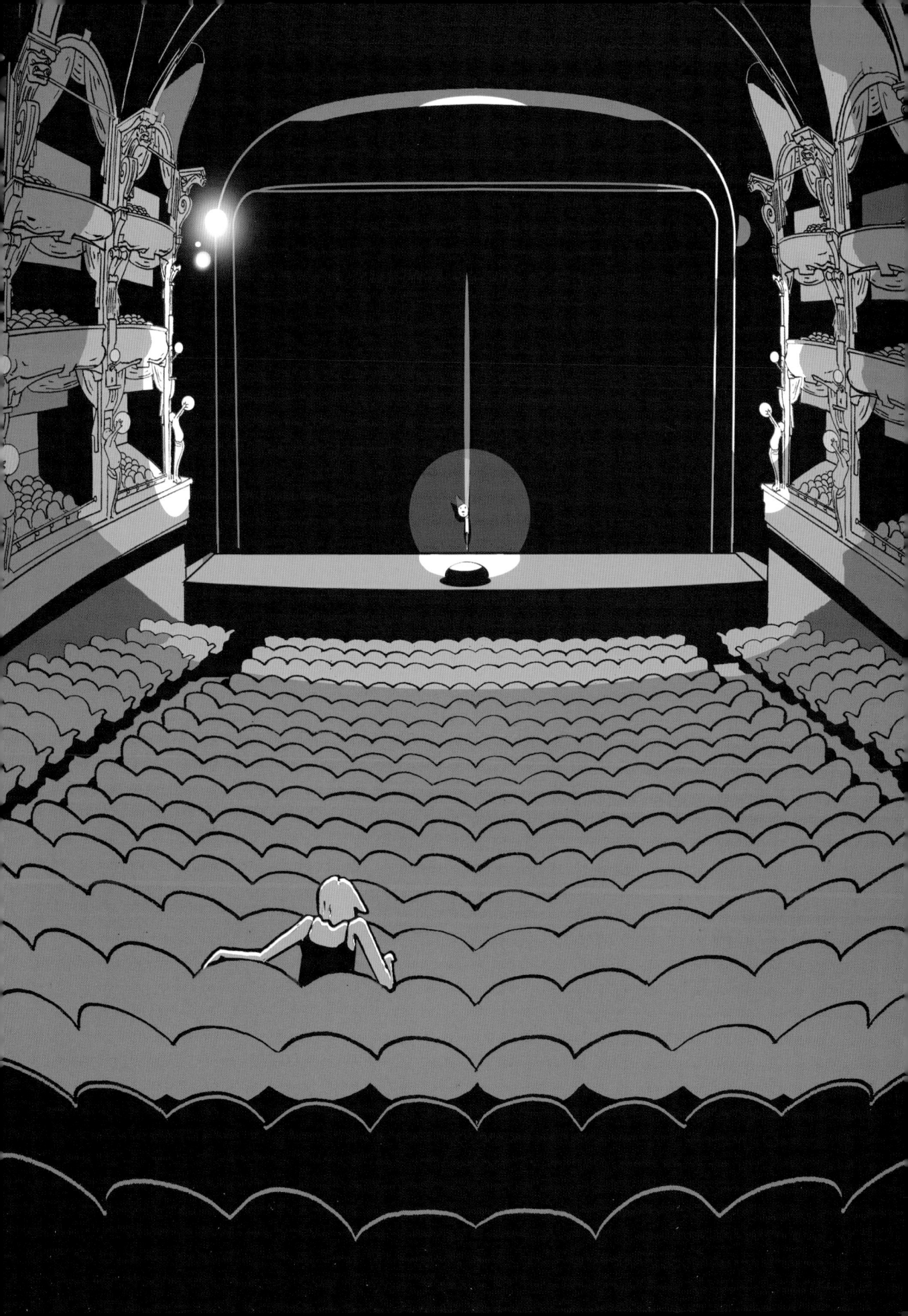

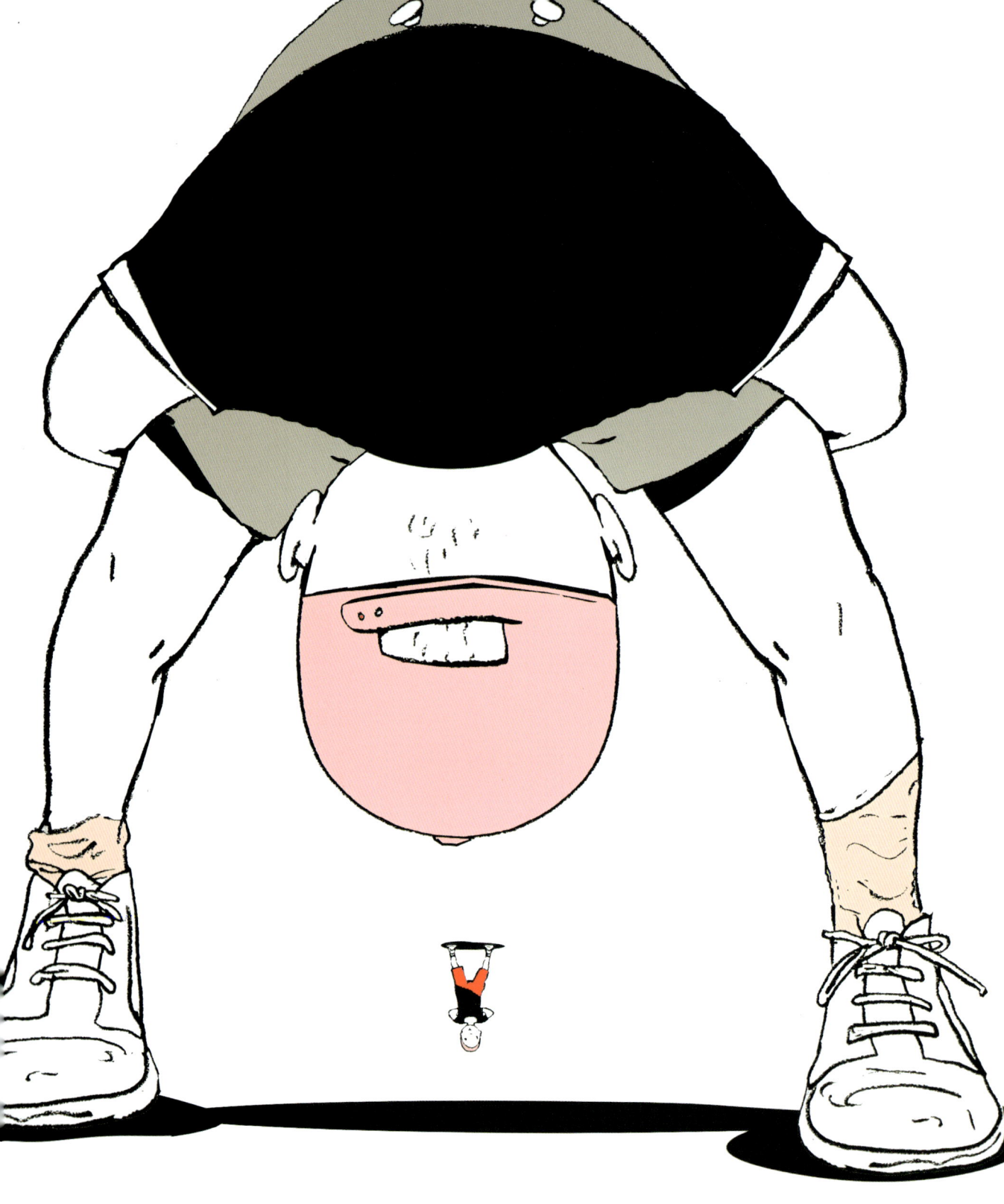

빙글빙글

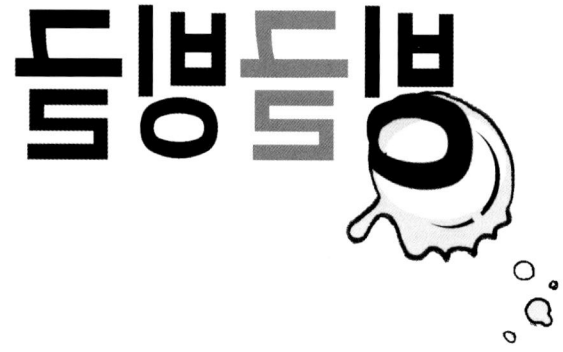

도서출판 **내인생의책**은 한 권의 책을 만들 때마다
우리 아이들이 나중에 자라 내 인생의 책이라고 말할 수 있는 책을 만들고자 합니다.

내인생의그림책 3

상상 이상 (원제 : The Other Side)

이스트반 바녀이 글·그림

초판 펴낸날 2006년 3월 6일
2쇄 펴낸날 2010년 6월 28일
펴낸이 조기룡
펴낸곳 도서출판 내인생의책
등록번호 제10-2315호
주소 서울시 마포구 합정동 433-28 2층 (우)121-887
전화 02-335-0449 팩스 02-335-6932
이메일 bookinmylife@naver.com
홈카페 http://cafe.naver.com/thebookinmylife

The Other Side
Copyright ⓒ 2005 Istvan Banyai
All right reserved.

Korean Translation Copyright ⓒ 2006 The Book In My Life
Korean Edition is published by arrangement Chronicle Books LLC
through PK Agency Korea.

이 책의 한국어판 저작권은 PK에이전시를 통해 Chronicle Books LLC와의
독점계약을 맺은 도서출판 내인생의책에 있습니다.
이 책은 저작권법에 따라 한국 내에서 보호를 받는 저작물이므로
출판권자의 글로 된 동의 없이는 내용을 전체로나 부분으로나, 어떤 방법이나
수단으로도 게재·복사·전파·전산·장치에 저장할 수 없습니다.

ISBN 978-89-91813-02-1 77840

* 책값은 뒤표지에 있습니다.
* 잘못된 책은 바꾸어 드립니다.

이 도서의 국립중앙도서관 출판시도서목록(CIP)은 e-CIP 홈페이지(http://www.nl.go.kr/ecip)에서
이용하실 수 있습니다.(CIP제어번호: CIP2006000305)

책은 나무를 베어 만든 종이로 만듭니다. 그래서 원고는 나무의 생명과 맞바꿀 만한 가치가 있어야 합니다.
그림책이든 문학, 비문학이든 원고 형식은 가리지 않습니다.
여러분의 소중한 원고를 bookinmylife@naver.com으로 보내주시면 정성을 다해 좋은 책으로 만들겠습니다.